5ᵐᵉ ÉDITION.

LE FUSAIN

PAR

MAXIME LALANNE

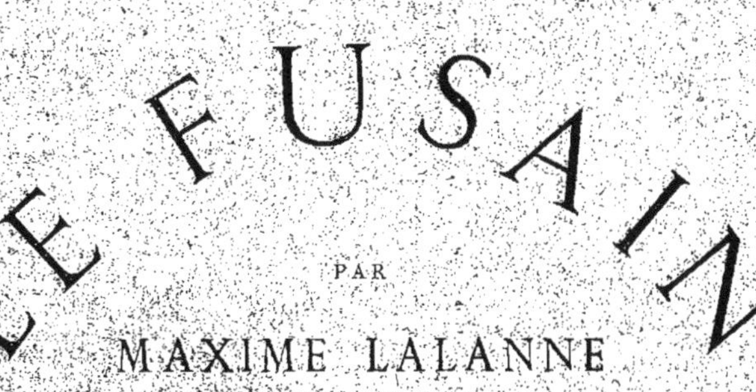

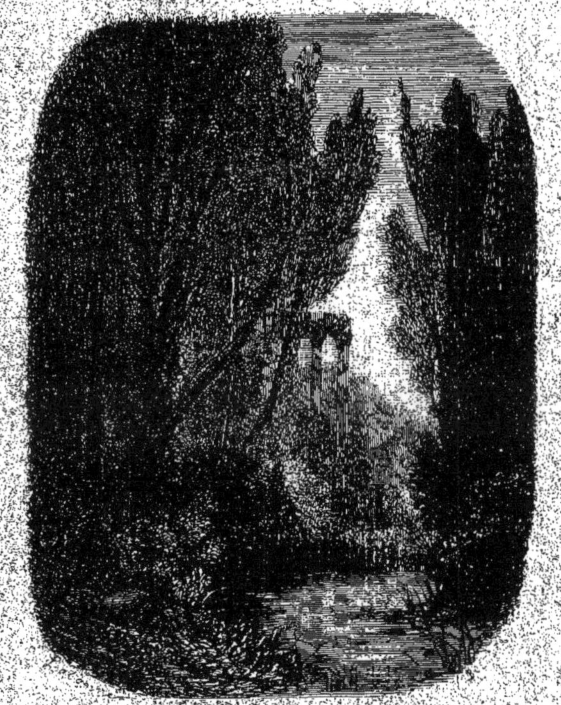

PARIS

L. BERVILLE, ÉDITEUR

25, RUE DE LA CHAUSSÉE-D'ANTIN

LE FUSAIN

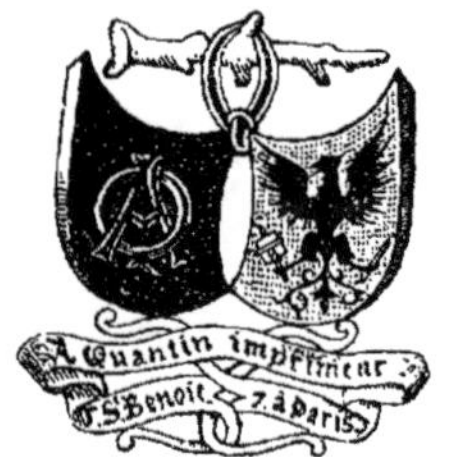
A. Quantin imprimeur
7 S. Benoît 7 à Paris

LE FUSAIN

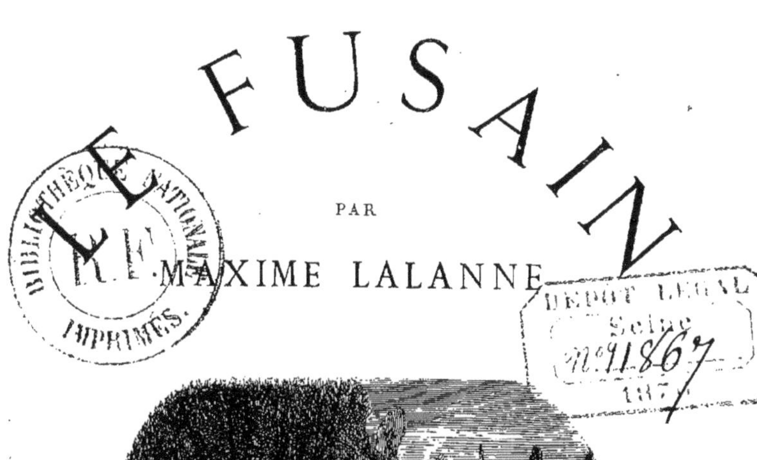

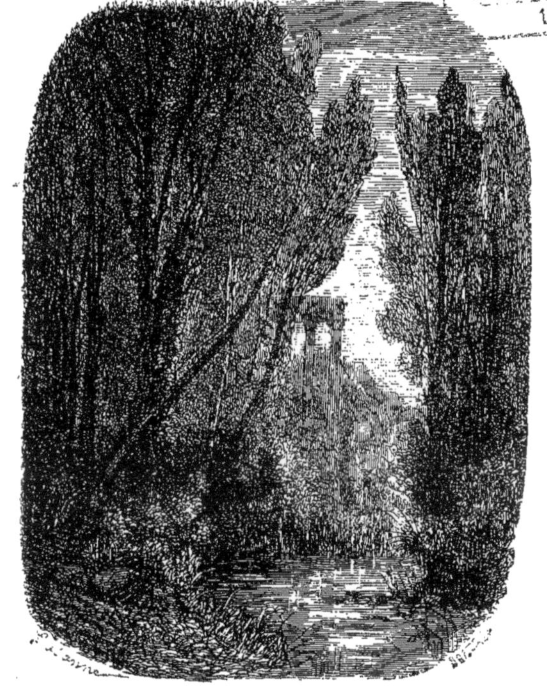

PARIS

L. BERVILLE, ÉDITEUR

25, RUE DE LA CHAUSSÉE-D'ANTIN

1875

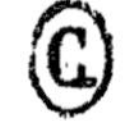

AVANT-PROPOS

Depuis quelques années, on s'occupe du dessin au fusain avec un intérêt croissant; c'est un genre qui s'est déjà popularisé dans le monde des amateurs et des artistes, et l'on peut lui prédire un succès de longue durée.

Sa première application a été des plus simples. Le peintre a commencé à s'en servir pour jeter sur la toile le projet d'un tableau. La facilité qu'offre le fusain de couvrir rapidement une surface et sa propriété de pouvoir s'effacer sous l'action du doigt, du chiffon ou de la mie de pain, en rendent l'emploi commode; la recherche d'un sujet devient ainsi pratiquement facile et se prête à toutes les modifications de la pensée.

Peu à peu on a reporté sur le papier ces improvisations fugitives ; on a pu leur donner une expression de travail plus déterminée et arriver ainsi à la réalisation d'un tableau dans tous ses détails et dans tous ses effets. C'est ainsi que plusieurs artistes ont réussi à affirmer dans ce genre leur individualité. Decamps a confié au fusain les plus belles inspirations de son génie. Bellel lui a appliqué les formes classiques de l'art. Appian et Allongé traitent le fusain avec un succès justifié par des qualités qui diffèrent suivant le sentiment personnel de ces artistes, et qui leur ont conquis la faveur publique.

Niederhausern apporte dans l'exécution de ses fusains une sincérité et une simplicité de moyens qui donnent à ses œuvres une fraîcheur d'expression remarquable ; Lhermitte emploie des qualités analogues au service d'une grande science d'observation.

Sans en faire une spécialité particulière

de leur talent, beaucoup d'autres artistes ont
manié le fusain avec un grand mérite, tels
que Paul Huet, Troyon, Courdouan, Fran-
çais, Léo Drouyn, Hanoteau, Adrien Du-
bouché, etc. Ces noms sembleraient attester
que le fusain s'applique avec plus d'avantage
au paysage; néanmoins, des peintres d'his-
toire et des dessinateurs, Axenfeld, entre
autres, dans ses belles reproductions du Cor-
rége, ont prouvé par la science de l'exécution, le modelé des chairs et l'harmonie des
ensembles, que les procédés du fusain se
prêtent à toutes les exigences de l'art. Les
cartons de R. Maréchal de Metz, ceux de
Kaulback surtout, témoignent que le fusain
peut s'appliquer aux œuvres de premier
ordre.

Presque tous nos maîtres contemporains
ont accepté l'usage du fusain. Decamps et
Troyon ont donné l'exemple dans son emploi
de rehauts au crayon blanc, à la gouache, au
pastel et même à la peinture à l'essence.

Ramené à sa simple expression et dégagé

du secours de toute substance étrangère, le fusain reste le maître de tous les genres de dessins par la puissance des valeurs, la transparence et la finesse des tons, la fraîcheur et l'ampleur du travail. C'est le mode de dessin qui se rapproche le plus des effets de la peinture, dont il a toute la couleur et l'éclat. Bien des amateurs préfèrent même ces tons monochromes auxquels leur imagination peut, avec tout le charme que développe le sentiment de l'art, substituer la coloration de la peinture.

LE FUSAIN

Rien ne semble facile au premier abord comme l'exécution d'un dessin au fusain; les résultats rapidement obtenus, la vivacité des modes d'emploi n'occupent cependant pas la première place dans l'œuvre du dessinateur; ses préoccupations doivent remonter plus haut et s'attacher à la connaissance des lois de l'art, indépendantes des procédés d'application.

La traduction matérielle étant ici le seul objet de notre étude, je vais essayer de la mettre en rapport avec une éducation artistique déjà faite ou en train de se faire, en prenant nos exemples dans le paysage.

PRÉLIMINAIRES D'EXÉCUTION.

Après s'être rendu compte des diverses sortes de papiers, de leur variété de coloration et de grain, des fusains et de leurs qualités différentes entre elles, des principaux objets enfin qui concourent à l'exécution d'un dessin au fusain, on reconnaîtra que le bagage du fusiniste n'est pas lourd [1], et que la démonstration des procédés se résume à peu de chose.

D'après les rapprochements d'effets établis entre le fusain et la peinture à l'huile, on peut, comme le peintre le fait sur la toile pour ébaucher son tableau, jeter sur le papier le projet de son œuvre.

Le papier, s'il a un certain grain, une rugosité semblable à celle du papier vergé, accroche les parties friables du fusain, et, quel que soit le sujet que l'on veuille traiter, on fera bien, après avoir taillé son fusain, de passer en tous sens un ton général qui don-

---

1. On trouve, entre autres, dans la maison Berville, l'ensemble des accessoires relatifs au dessin au fusain.

nera déjà un commencement de valeur, pour n'avoir pas à travailler ensuite dans le vide, sur une surface blanche, mais bien sur un fond préalablement établi; cette valeur pourra se modifier suivant les différents plans du sujet.

Je ne veux pas dire par là que ce soit un moyen mécanique applicable à tous les cas. Il faut d'abord savoir ce que l'on veut faire, et préparer cette sorte d'ébauche avec discernement.

On peut aussi procéder partiellement, et c'est ce qu'il y a de plus rationnel; c'est-à-dire que l'on dispose les divers plans les uns après les autres, en cherchant du premier coup à les affirmer. Ce principe très-simple démontre déjà la commodité et la liberté extrême des moyens d'action; car sur ces valeurs ainsi établies on pourra à son gré amplifier le travail, le modeler, l'exprimer, suivant le ton ou le caractère de l'objet traité, et par conséquent varier sa facture.

On évitera autant que possible de cerner les formes par un trait, comme cela peut se faire dans un croquis au crayon; le dessin au fusain exprimant l'idée de la peinture, on devra traduire cette expression même par la différence des tons. Le fusain permettra de passer par la gamme entière des valeurs, depuis les tons les plus fins jusqu'aux plus extrêmes vigueurs. Il sera bon toutefois de se méfier de l'entraînement du noir, et de se maintenir dans une gamme blonde qui fera valoir les vigueurs dans les parties où la composition les rendra nécessaires.

Les parties éclairées s'enlèvent à la mie de pain. On obtient ainsi une puissance de lumière plus franche, plus large, plus pénétrante que si l'on réservait le papier.

EXÉCUTION D'UN CIEL.

Supposons donc que vous ayez à traiter un sujet d'une composition variée, comprenant un ciel, des lointains, montagnes, arbres, terrains, de l'eau, etc. Il ne sera pas indifférent de commencer par le ciel, pour venir successivement disposer sur lui les divers plans du paysage ; vous vous servirez pour cela d'un morceau de ouate, employée sous forme de tampon, que vous promènerez assez fortement sur la partie préparatoire ébauchée au fusain, qui doit former le ciel, et cela en tournant d'une manière uniforme pour obtenir un ton très-doux et homogène; ce sera le fond du ciel sur lequel vous aurez toute latitude pour enlever les nuages clairs à la mie de pain, modelant avec celle-ci comme avec un crayon blanc; le passage de ces lumières dans la teinte préparatoire s'obtient soit avec le doigt, soit avec la ouate, avec une estompe même très-propre. Pour obtenir dans les nuages des teintes foncées, vous ébauchez largement ces valeurs avec le fusain et vous modelez avec une estompe plate de papier, dite patte-de-lièvre, qui donne des tons d'une souplesse extrême; vous pouvez, en employant le tortillon, modeler de fort beaux enroulements de nuages, et en friser les bords à la mie de pain pour avoir les lumières iradiantes du soleil. On peut ménager dans le ciel de ces traînées lumineuses qui sont toujours d'un effet saisissant, surtout lorsque la teinte préparatoire est des plus blondes et des plus éthérées. Le jeu de la mie de pain sur ces valeurs si fines donne des résultats très-justes de profondeur, ce qui portait un enthousiaste du fusain à dire que la mie de pain, la céleste mie de pain, lui faisait entrevoir le ciel.

EMPLOI DE LA MIE DE PAIN.

Occupons-nous maintenant du rôle matériel de la mie de pain. Il est important de la prendre à un pain de ménage rassis, de la bien rouler entre ses doigts et de la former en pointe, pour venir, dans le sens même de cette pointe, et en la faisant avancer sur le travail, fouiller les parties que l'on veut éclaircir; on la roulera sans cesse dans ses doigts pour en reformer la pointe, et l'on devra la renouveler souvent, sans attendre qu'elle se salisse trop ou se dessèche.

Pour les horizons, les collines, les montagnes, les plans éloignés enfin, vous en indiquerez très-légèrement la silhouette et le ton général, sur lequel vous passerez l'estompe de papier, de manière à atteindre une valeur homogène; à mesure que ces plans se rap-

prochent, l'estompe de papier et le tortillon,
effleurant le travail sans l'écraser entièrement et laissant voir par intervalles le papier même entre les aspérités qui accrochent
le fusain, vous donneront un ton frais et
lointain. Les plans successifs devront, grâce
à une recherche plus précise, s'accentuer
davantage.

OBSERVATIONS RELATIVES AU GRAIN DU PAPIER.

Cette précaution de réserver le fond du
papier, en n'assourdissant pas entièrement le
travail par l'estompe, me rappelle les recom-
mandations de Charles Blanc, si judicieuse-
ment définies dans ses critiques d'art au sujet
de l'intervalle que doit laisser entre ses tailles
le graveur à l'eau-forte :

« Il ne faut pas trop, dit-il, assourdir ses
travaux et y faire entièrement disparaître le
blanc du papier. Le problème de l'eau-forte
consiste à laisser finir l'estampe par l'imagination du spectateur, et à faire travailler
le papier.

« Trop couvrir une planche est toujours dangereux, parce qu'on arrive ainsi à des tons lourds ; Rembrandt lui-même, toutes les fois qu'il a voulu étouffer le papier, est tombé dans ce défaut. »

Rien n'est plus juste, en effet, et cette observation de notre éminent critique peut ici trouver son application. La vibration du papier à travers la trace effleurée du fusain donne aux travaux de la transparence ; elle conserve l'esprit de la facture et la fraîcheur d'un jet prime-sautier.

*

DIVERS PLANS, TERRAINS, ROCHERS, ETC.

Nous sommes convenu qu'en approchant des premiers plans, il fallait accentuer ses travaux et définir ses moyens d'expression ; la mie de pain revient ici à propos : elle aide toujours au modelé, elle arrête les contours d'une masse d'arbre éclairée, elle peut servir d'estompe au besoin, quand on la promène légèrement sur le travail, de manière à lui faire enlever seulement une partie de la couche du fusain sans arriver au papier; les demi-teintes obtenues ainsi sont précieuses pour modeler un plan éloigné et lui donner l'illusion de la distance. La mie de pain, produisant l'effet d'une touche claire posée dans la peinture à l'huile sur un ton foncé, permet de réaliser dans le fusain tous les jeux de la lumière; rien n'est plus commode pour enlever vivement une masse éclairée ou un tronc d'arbre lumineux sur un feuillage sombre, un angle de rocher ou de muraille, ces fumées blanchâtres qui s'élèvent dans les espaces, de ces lumières vives, enfin, qui font saillie dans la nature, et auxquelles on ne donnerait qu'une molle apparence en cherchant à les réserver à l'avance. On peut donc affirmer que la mie de pain est d'une ressource indispensable dans un dessin au fusain.

La peau de gant, l'amadou donnent d'excellents résultats pour enlever des demi-teintes.

L'emploi des estompes est aussi bien précieux. L'estompe la plus naturelle est le doigt; il donne des demi-teintes superbes, il sert à varier l'aspect des travaux : ainsi, pour faire ressortir la vibration de la lumière dans un plan d'arbres, on peut éteindre au doigt le plan de terrain sur lequel ils reposent. Il assourdit, il simplifie les tons, enveloppe les travaux trop apparents qui, par une parité d'effet et d'expression, lutteraient avec d'autres. C'est un excellent moyen pour rendre la transparence et le calme des ombres. L'estompe de papier, employée dans les mêmes cas, donne des résultats analogues, avec cette légère différence qu'elle écrase un peu les travaux; elle est d'un usage facile et s'applique avec avantage aux parties très-restreintes auxquelles les proportions du doigt ne peuvent pas se prêter. En la promenant plus ou moins fortement sur le travail, elle donne des effets variés. L'estompe de peau enlève le travail sans l'écraser et l'étendre comme l'estompe de papier; aussi l'utilise-t-on pour obtenir des demi-teintes et même des clairs.

Les tortillons, légers à la main, sont d'une souplesse extrême et d'un usage plus commode que les estompes quand on n'a pas à traiter de trop grandes surfaces.

Ce sont là les principales *ficelles* que l'on

puisse appliquer au fusain; ce sont les plus sincères. L'important est d'arriver à l'expression de sa pensée le plus simplement possible, sans trop d'efforts de métier, de même qu'il ne faut pas envelopper une idée dans des phrases trop pompeuses ou inutiles, qui risquent de la dénaturer ou de l'obscurcir.

Le fusain, fantaisiste et libre dans les formes insaisissables des lointains, est obligé, dans les premiers plans, de s'assujettir à des lois plus rigides. Ici il faut formuler sa pensée, ici pas d'escamotage ni de laisser-aller possible. On a reproché à tort au fusain de ne pouvoir se prêter à l'expression du fini, et, complaisant compère, de tourner les difficultés; certes, dans une improvisation ou dans un dessin exécuté sous l'inspiration immédiate de la nature, on peut se laisser entraîner par la rapidité séduisante des procédés, mais on peut aussi circonscrire son enthousiasme dans les limites d'une exécution serrée et dirigée par la réflexion. Le fusain, s'il pouvait faire ses confidences, soufflerait dans plus d'une oreille que la main qui le dirige pourrait bien ne pas être étrangère à l'accusation qui pèse sur lui. Il permet, au contraire, comme les autres genres de dessin, une recherche absolument exacte dans le travail. Il ne peut sans doute pas s'accommoder des dimensions infimes d'un dessin à la plume ou d'une eau-forte; mais dans l'espace plus développé qu'il réclame et où il se trouve à l'aise, il n'en appelle pour triompher... qu'au fusiniste lui-même.

Le fini dans les arts n'est pas une chose purement mécanique; une œuvre sera finie qui contiendra le modelé des plans, leurs rapports combinés sur la lumière et les distances, l'expression juste de la forme, le rendu poussé aussi loin que possible dans l'affirmation d'un morceau. Le fini est donc avant tout une affaire de science, et, quelle que soit la langue que l'on veuille parler, on trouve toujours des mots pour expliquer clairement ce que l'esprit conçoit. Boileau l'a dit avant qu'il ne fût question de fusain. Ici, ce langage s'apprend vite, et, comme il est

rare de produire de longue haleine des œuvres
sans ratures, on trouve dans le fusain toutes
les complaisances de retouche, de suppres-
sion ou d'addition.

Les terrains, les plans rocailleux, les
rochers, peuvent être exprimés par un mélange des divers moyens signalés plus haut :
ébauche et recherche à la mie de pain, emploi du doigt, de l'estompe ; vigueurs super-
posées avec le fusain. Un pan de muraille,
un rocher éclairé par le soleil, permettent de
procéder par une teinte très-légère avec le
plein du fusain ; la mie de pain y donnera
de vives lumières, le doigt atténuera les parties trop brillantes ; on accentuera au fusain
les taches, les fissures, les trouées, etc.

Les plans dans l'ombre seront traduits
par une demi-teinte étalée au doigt ou à
l'estompe, demi-teinte que l'on pourra modeler et accentuer au fusain pour avoir les
détails.

Quant aux plans de terrains couverts
d'herbes, pour les parties plantureuses et

humides, on aura par l'estompage du doigt des effets sourds et pleins, des valeurs sur lesquelles il sera facile d'exprimer, soit en lumière, soit en teintes plus foncées, les divers aspects de ces plans.

EAUX.

Les eaux calmes s'obtiennent par un procédé bien simple : après avoir eu soin de couvrir le plan des eaux, comme nous l'avons déjà fait pour le ciel, par une teinte écrasée sous la ouate, on indique au fusain les reflets des objets par des travaux perpendiculaires, dépassant le ton que l'on désire obtenir, car le passage du pinceau dit blaireau, qu'il sera nécessaire d'employer dans ce même sens perpendiculaire pour briser l'éclat du travail et lui donner de la profondeur, atténue l'intensité de ce travail même. On indique ensuite à la mie de pain les vibrations de la lumière, les reflets des objets éclairés et des nuages, les sillages et les rides de l'eau, effets accidentels qui contribuent à faire scintiller sa surface. On obtient ainsi des tons très-transparents et profonds. La ouate peut dans ce cas s'employer à défaut de blaireau; l'estompe de papier et le tortillon dans des parties restreintes remplissent le même office.

Quant aux eaux mouvementées, leur agitation offrant d'autres aspects, on arrive à les rendre, par des travaux analogues à ceux d'un ciel nuageux, en enlevant à la mie de pain les bouillonnements de l'eau sur un ton obtenu par le passage de l'estompe ou de la ouate, et en modelant les ondulations par un travail alterné de fusain et d'estompe.

ÉTUDE DE L'ARBRE.

L'étude de l'arbre offre des difficultés dans tous les genres de dessin. Elle se simplifie dans le fusain qui en donne surtout la poésie, la noble et grande expression, l'apparence vigoureuse ou délicate, soit que l'on aborde la forêt aux sombres effets, soit que l'on veuille, par contraste, faire filer dans le ciel une branche légère au feuillage clair-semé. On peut avec un fusain taillé en pointe préciser les formes d'un arbre ébauché. En général, le fusain de branches naturelles, provenant d'arbustes de diverses sortes, est excellent par sa friabilité pour accuser l'esprit d'une ébauche ; il donne les dégradations du noir le plus intense. On trouve dans ces mêmes espèces un choix de fusains blonds qui donnent ces dégradations plutôt en gris. Le fusain à petites branches, fabriqué avec le bois de ce nom, permet des traits d'une finesse extrême. Ces divers fusains fournissent des travaux très-variés. On en alterne à son gré l'emploi dans le même travail. Il serait facile de s'exercer à chercher les travaux qui conviennent le plus à l'étude de l'arbre en disposant des tons clairs sur le papier ; on estomperait ce travail par places, et à côté des demi-teintes qui en résulteraient, on établirait des noirs vigoureux ; par ce simple exercice on verrait le parti que l'on peut tirer des clairs, des demi-teintes et des tons foncés pour arriver à modeler l'ensemble d'un arbre. Par cette recherche du modelé, par l'harmonie de ces diverses teintes, on obtient des masses lumi-

neuses se détachant sur des plans intermé-
diaires plus foncés, et l'on donne du mystère
aux parties profondes du feuillage, au travers duquel on ménage à la mie de pain des
trouées sur le ciel.

On rend à merveille au fusain l'écorce
d'un tronc d'arbre, son apparence lisse ou
rugueuse, sa coloration sombre ou brillante;
la mie de pain y enlève au milieu d'une
ombre grise ces éclats de lumière, comme
Diaz sait si bien les faire jaillir dans ses
lisières de forêts par une magie de couleur
dont il a le secret.

FABRIQUES, ARCHITECTURE.

Les études précédentes donnent la notion
des mêmes ressources d'expression pour
l'exécution d'une ruine, d'une fabrique.

L'architecture, l'architecture pittoresque
surtout, peut se traduire au fusain; les sil-
houettes des monuments s'y définissent; les
lignes peuvent s'y préciser, et les détails,
sans qu'on exige la rectitude d'un dessin

linéaire, s'y expriment suffisamment, quand le dessinateur comprend, avant tout, que le monument, dans un paysage, n'est pas un plan d'architecture, mais bien l'occasion pour lui de disposer de belles lignes harmonieuses qui tranchent sur la forme libre des plans de la nature, avec le ton et le dessin desquels elles doivent se combiner.

CONSIDÉRATIONS GÉNÉRALES.

Cette recherche définitive de l'harmonie, complément obligé de toute œuvre d'art, n'exige pas dans le fusain un grand effort d'exécution; il est facile, par les divers moyens que j'ai indiqués, de masser et de lier l'ensemble du sujet que l'on traite; on reprend un ciel qui n'aurait pas été définitivement terminé, on éteint, on augmente, on colore, on atténue un plan qui ne serait pas dans la note générale; on peint plutôt qu'on ne dessine. Ainsi le blaireau, qui en peinture produit des effets si harmonieux, peut par analogie aider à la perspective des plans très-éloignés, si on a l'habileté d'effleurer très-légèrement, sans les faire disparaître, les formes aériennes des objets. On arrive insensiblement à bien asseoir l'effet de son dessin; néanmoins il ne faut pas trop tourmenter les travaux; pour conserver la fraîcheur et l'intensité des noirs les plus vigoureux, on doit éviter de les reprendre e tâcher de les obtenir du premier coup.

Au bout d'un certain temps d'étude et à mesure qu'on en apprécie les ressources, on ne tarde pas à s'attacher à ce genre charmant; voilà pourquoi tous les amateurs le recherchent et lui font bon accueil; les artistes le traitent en familier, les touristes ne voyagent plus sans s'y livrer. On l'aime et on lui est partout sympathique. Qui dirait cependant qu'il a un ennemi mortel... le plumeau!

Un jour, ma chambrière épousseta un de mes fusains *fixé* seulement sur la tapisserie pour son malheur.

« Maladroite! lui criai-je, vous ne voyez donc pas que vous enlevez le noir de mon dessin?

— Mais si, monsieur, et c'est précisément

pourquoi je l'ai nettoyé; sans cela, je ne me serais pas donné cette peine. »

Le raisonnement était écrasant, mais je doute que Molière eût jamais consulté cette servante-là.

C'est en dessinant d'après nature au fusain qu'on peut surtout se pénétrer des avantages de ce genre privilégié; rien n'est plus séduisant que de s'installer en plein air et de laisser courir sur le papier la libre et vive interprétation d'un site enchanteur. Le charme qui s'attache à toute production personnelle est bientôt satisfait. Le fusain permet en peu d'instants de jeter un effet sur le papier. Son allure naïve le rend propre à traduire un épisode intime, comme aussi la puissance de sa coloration lui fait aborder les scènes grandioses de la nature. Il est difficile de dire plus avec des moyens si simples et si réduits. La promptitude de l'exécution entretient l'esprit dans une observation plus libre du sujet traité et ne lui permet pas de se refroidir. On peut ainsi dans sa journée rapporter

chez soi d'excellentes études, des impres-
sions très-justes et saisies avec toute la vivacité prime-sautière d'un esprit qui n'est pas
l'esclave des moyens mécaniques.

Le fusain se plie quelquefois à des cas
désespérés où les autres genres se montre-
raient impuissants : je dessinais un soir un effet
de soleil couchant qui ne me satisfaisait qu'à
demi; j'allais remettre au lendemain et lever la
séance, lorsque tout à coup un caillou tombe
en plein sur mon papier, espièglerie d'un
gamin huché derrière mon dos, et qui faisait
de la critique à sa façon. Voilà mon dessin
tout brouillé; j'étais vexé, je l'avoue; mais
songeant plutôt à sauver mon effet qu'à courir après le gamin, je réfléchis sur ce que
j'avais à faire; le jour tombait rapidement,
je tâchai d'harmoniser les parties compro-
mises du dessin et je fis un effet de nuit, qui
me surprit moi-même. Je cherchai partout
le galopin pour le remercier, mais il s'était
enfui ne se doutant pas que sa collaboration
m'avait tiré d'affaire.

Ces belles masses du soir fondues dans le
vague du crépuscule ont toujours un caractère de grandeur et de simplicité qui va droit

au cœur de l'artiste. C'est en s'inspirant d'elles, c'est en interprétant et en comparant entre elles ces colorations condensées dans la brume mystérieuse et chaude du soir, que Claude Lorrain est arrivé à répandre tant de charme dans ses œuvres. Cette combinaison de tons rendus avec justesse après avoir été bien observés, jointe à une recherche non moins juste de la forme, constitue une science au service de laquelle le fusain peut mettre sa plus belle et sa plus complète expression; le sentiment de l'art qui s'exalte à ces spectacles harmonieux trouve en lui un auxiliaire docile qui se prête aux plus sublimes épanchements de la pensée.

La question d'intérêt qui s'attache au dessin au fusain n'est pas résolue, néanmoins, sur le terrain seul de son exécution. Il s'agit encore de rendre fixe et inaltérable l'œuvre réalisée et de lui donner la garantie de sa conservation.

Cette fixation existe, et divers procédés sont arrivés à propos dans un moment où la

vogue du fusain devait faire naître la préoc-
cupation de le rendre inaltérable pour le
présent comme pour l'avenir. Ils‘fournissent
la solution la plus heureuse à cette difficulté
d'assurer la durée au fusain, difficulté qui
avait pu jusqu'à présent contribuer pour
beaucoup à maintenir dans un rang secon-
daire aux yeux de bien des personnes un
genre qui, par ses sérieuses qualités, mérite
certainement une faveur égale à celle dont
jouissent les productions des autres branches
de l'art.

FIN.

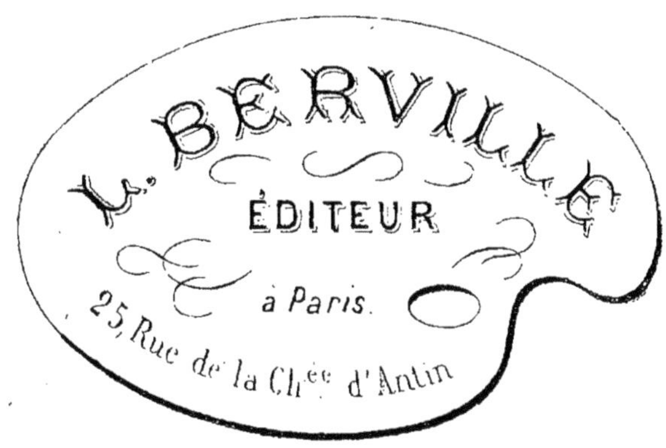

VENTE SPÉCIALE

ACCESSOIRES DU FUSAIN

Au moment où le dessin au fusain est adopté par les amateurs et les artistes avec une faveur marquée, nous nous sommes appliqué à en faciliter l'étude par le perfectionnement et l'augmentation des accessoires qui s'y rattachent; accessoires qui peuvent permettre au dessinateur de s'exercer tout aussi bien à la campagne que dans l'atelier. La nomenclature suivante réunit les principaux objets dont il est bon de se munir :

L. BERVILLE.

Fusains pour le trait et de saule trié. Gros et petit buisson;

Papier vergé spécial, marque *Lalanne;*

Papier mécanique spécial, marque *Allongé;*

Papiers en rouleaux pour les divers genres ;

Fixatif et *fixateurs;*

Tortillons, Estompes, Ouate, Amadou;
Crayons blancs spéciaux américains;
Taille-Fusain, Pinceaux de petit-gris et *Blaireau,* etc.;
Portefeuilles isolants et *Blocs* de papier;
Coffrets et *Boîtes* de campagne;
Modèles originaux ou en fac-simile.

FUSAINS DIVERS CHOIX.

Le *fusain pour le trait,* dit vénitien, d'une carbonisa-tion spéciale, offre des bâtons très-réguliers, d'une texture assez ferme, qui permet d'obtenir la pointe la plus fine. Il s'emploie dans les détails et les parties délicates, où il apporte une netteté très-franche sans jamais donner la dureté apparente du crayon noir.

Le *gros buisson* est très-tendre, d'un noir velouté et transparent; on obtient avec lui des noirs intenses et profonds qui rendent admirablement les vigueurs des premiers plans.

Le *saule trié* donne des tons plus légers, plus gris; il peut servir pour les parties estompées et dans les demi-teintes, dans les ciels et les lointains. Son mélange avec le gros buisson offre des oppositions de tons qui aident à la couleur d'un dessin.

Le *petit buisson* est de même provenance que le gros buisson; on le choisit dans le petit branchage des taillis de fusain proprement dit. Noir et ferme sans dureté, il peut, par sa ténuité, servir aux traits de force qui ont besoin d'être plus accentués.

PAPIERS.

Les papiers généralement adoptés pour le dessin au fusain sont choisis, suivant le genre que l'on veut traiter, parmi les papiers mécaniques en main ou en rouleau de diverses nuances, ou parmi les papiers vergés à la forme.

MM. Allongé, Appian, Bellel, etc., se servent plus particulièrement de papiers mécaniques blancs, bulles ou bleutés dont le grain fin se prête mieux à leur manière de faire.

Les papiers vergés à la forme ont au contraire été plus favorablement adoptés par M. Lalanne, qui excelle à y jeter la variété de ses effets.

Ces sortes de papiers vergés, connues sous la dénomination de papier Ingres, offrent par leur vergeure des ressources d'effets très-étendues ; malheureusement il est très-difficile de trouver la réunion des qualités désirables en elles.

D'une fabrication à l'autre, on rencontre des différences fâcheuses dans l'aspect du grain, dans le collage et la coloration de la pâte ; des plis, des trous, des taches obligent à un choix presque impossible. De plus, le degré du collage n'étant pas sérieusement observé en fabrique, il arrive qu'un excès de colle empêche le passage du fixatif à travers le papier ; dans le cas contraire, ce passage du liquide devenant trop prompt, entraîne le travail en amollissant le dessin. Collés inégalement, ces papiers offrent sur une même feuille l'effet d'une fixation complète et trop rapide dans certaines parties, puis nulle dans d'autres.

Pour obvier à ces inconvénients et pour avoir l'assurance d'un type invariable, nous faisons fabriquer spécialement, sur des données précises de grains, de nuances et de collage, une sorte de papier vergé marque Lalanne, réunissant toutes les qualités désirables, avec l'avantage de n'avoir de marque qu'au bord du papier, ce qui donne à l'étendue de la feuille une uniformité parfaite.

Ce papier existe de deux forces et de quatre nuances ; il mesure $0^m,60$ sur $0^m,50$. Son grain, très-homogène, accroche le fusain en l'abandonnant complétement à la mie de pain ou à l'estompe, et permet des travaux pleins et nourris à côté de finesses extrêmes.

FIXATION.

Le fixatif composé d'essence de térébenthine et de vernis copal est d'un emploi économique et facile, mais il offre des inconvénients qui ne permettent pas de l'adopter : il graisse le papier, alourdit les tons du fusain et à la longue détermine une coloration trop sombre, en même temps que, par la complète évaporation, il ne laisse plus au fusain qu'une fixation imparfaite.

Le fixatif réellement supérieur est celui composé de gomme laque et d'alcool. Il est très-fluide et d'une grande puissance de fixation. Il relève les vigueurs du dessin, et donne à l'ensemble une coloration chaude et brillante sans détruire les valeurs. Il faut néanmoins, dans l'exécution du dessin, tenir compte de son effet sur les demi-teintes et les légèretés des lointains, en les maintenant très-blondes pour obtenir une harmonie générale après la fixation.

Pour fixer un fusain avec ce fixatif, l'opération est des plus simples, surtout si deux personnes peuvent prendre part à l'opération. Dans ce cas, l'un des opérateurs, saisissant la feuille de papier par deux de ses coins, en tournant le dessin de son côté, permet à l'autre de maintenir d'une main la feuille dans une position de pente légère et de passer, de l'autre main, le fixatif derrière le fusain à l'aide d'un pinceau de petit-gris chargé de fixatif. On suspend ensuite la feuille de papier à l'aide d'une pointe dite punaise contre un objet quelconque, en tenant le dessin en dehors ; en quelques minutes l'évaporation étant complète, on peut mettre son dessin en portefeuille sans aucune crainte.

Si l'on est seul pour faire l'opération, on attache la feuille de papier par deux de ses coins, à l'aide de pointes, contre une saillie quelconque, et l'on opère comme dans l'autre cas.

Si l'on a eu soin de se munir d'un châssis de la grandeur de son papier, le dessin, maintenu par les quatre coins sur le vide de ce châssis, se fixe avec la plus grande facilité. Nous parlerons plus loin de portefeuilles à châssis spéciaux disposés à cet effet.

Depuis quelque temps, divers appareils.[1] en verre et en métal, munis d'une soufflerie en caoutchouc, permettent de pulvériser le fixatif et de le projeter directement à la surface du dessin sous forme d'une vapeur qui, s'y incorporant, en fait adhérer toutes les parties sans la moindre altération.

Les conditions de fixation se trouvent, par ce fait, on ne peut plus simplifiées, et les résultats obtenus offrent en toutes circonstances une réussite certaine.

Avec ce mode de fixation, le papier pouvant n'être plus en feuilles libres et volantes, nous avons disposé à cet effet des blocs de feuilles réunies, de plusieurs formats et en diverses sortes.

La fixation directe donne encore l'avantage très-important de permettre des retouches successives après la première fixation, et de les fixer isolément et directement, ce qui n'est pas possible avec la fixation au pinceau par derrière, le papier une fois imprégné de fixatif ne se laissant pas de nouveau traverser par ce liquide.

Pour rendre le transport du fixatif plus facile, nous avons disposé des bidons métalliques avec bouchon à vis, de capacité de litre et de demi-litre.

Il existe également en métal des petits bidons pouvant recevoir, à leur orifice, les divers appareils à fixer.

MENUS OBJETS.

Le *crayon blanc américain*, d'une fabrication très-fine, se fixe en même temps que le fusain, sans jaunir ni tomber de valeur; il est d'un emploi plein de ressources pour les rehauts et les retouches.

Le *crayon lithographique* permet de faire certains noirs intenses après la fixation.

1. Le prospectus de la fin donne la description détaillée de ces divers appareils.

Le *pinceau de petit-gris,* de forme plate et de largeurs diverses, sert à poser le fixatif derrière le papier.

Le *taille-fusain,* de divers modèles formés d'une petite tablette en composition spéciale, montée sur un socle en bois, permet par son grain particulier d'obtenir, à l'aide du frottement, des pointes très-fines et très-solides. Le bout du fusain, tout d'abord dégrossi avec le canif, est ainsi jusqu'à la fin maintenu à l'état de pointe parfaite.

Les *tortillons* de papier gris laissent sur les travaux un peu de ton, les blancs produisent des effets plus secs; ceux en papier buvard rose et en papier de soie servent à des travaux variés. Ces différentes propriétés tiennent à la nature du papier.

L'estompe de papier gris avec pointes ordinaires et celle en forme de patte de lièvre s'emploient pour étendre les tons dans les parties plus larges.

L'estompe en peau blanche enlève le travail, celle en peau jaune l'étale.

L'estompe de liége accentue les contours dans la demi-teinte.

L'estompe en moelle de sureau étend les touches dans le ton donné sans en rien enlever.

L'estompe de soie donne des tons lavés, en imitant le travail du pinceau.

La *ouate* s'emploie pour les ciels et les eaux; l'*amadou* de choix, pour les teintes plates, légères et fondues.

PORTEFEUILLES ISOLANTS.

Ces portefeuilles de campagne, pour l'étude d'après nature, sont couverts en toile grise très-solide.

Il en existe de trois grandeurs, basées sur la feuille de papier de 0^m,60 sur 0^m,50, soit entière, soit en moitié, soit en quart.

Ces portefeuilles sont formés de deux cartons réunis par un dos, et entre lesquels se meut, sur une charnière, un châssis à feuillure; ce châssis peut maintenir, en l'isolant, une feuille volante, ou recevoir, en les protégeant de même les blocs collés ou tendus.

En supposant qu'on adopte avec ce portefeuille l'emploi de la feuille volante, la fixation du sujet se trouve très-simplifiée. Avant tout travail, on fixe préalablement sa feuille de papier aux quatre coins sous le châssis, à l'aide de clous dits punaises, et, dessinant à l'intérieur du châssis dont la saillie garantit le travail, on n'a plus, quand le dessin est terminé, qu'à soulever le châssis en le maintenant légèrement en pente pour passer le fixatif derrière, sans avoir nullement à déplacer son fusain. Le même portefeuille est disposé avec un double châssis pour recevoir deux études.

BLOCS COLLÉS ET TENDUS.

Le bloc collé est formé d'un carton rigide sur lequel est appliqué un certain nombre de feuilles comprimées et réunies entre elles par la tranche, dont un petit espace laissé libre permet, par l'introduction d'une lame de canif entre les feuilles, de les détacher au fur et à mesure de l'emploi.

Le bloc tendu est formé également d'une feuille de carton rigide, garnie sur chacune de ses faces d'une série de feuilles de papier tendues une à une par superposition; ce bloc offre comme avantage sur l'autre de donner des feuilles parfaitement unies et redevenant complétement plates, quelque humidité que la fixation directe y puisse laisser.

C'est à ces deux blocs, et surtout à ce dernier, que la fixation directe peut s'appliquer de la manière la plus pratique. Logés dans la feuillure du châssis, qui met leur surface à l'abri de tout frottement, ces blocs permettent de faire successivement plusieurs dessins, que l'on fixe au fur et à

mesure sans avoir à y toucher ; on ne s'occupe d'enlever son
sujet terminé que lorsque, par l'action du fixatif direct, il
n'a plus à craindre aucun contact.

COFFRETS ET BOÎTES DE CAMPAGNE.

Les coffrets sont de petités proportions et renferment
les principaux accessoires nécessaires.

Le modèle destiné à l'atelier est simple et muni d'une
poignée sur le couvercle, sans planchette isolante.

Celui qui est disposé pour la campagne a la poignée sur
le côté, et à l'intérieur les objets sont maintenus par une
planchette qui sert en même temps à isoler les études jusqu'au moment de la fixation ; de plus, des garnitures laté-
rales permettent de le porter en bandoulière.

Les boîtes de campagne, plus grandes et plus complètes,
renferment un bloc de papier de la grandeur du quart de feuille,
avec planchette isolante, et sont disposées pour recevoir à
volonté la fixation ordinaire, ou la fixation directe, ou toutes
deux réunies.

MODÈLES.

ORIGINAUX ET EN FAC-SIMILE

Pour faciliter l'étude du fusain, nous avons un grand
choix de pochades et d'études originales, que nous donnons
en location soit par abonnement, soit par modèle isolé. De
plus, pour étendre et compléter ces éléments de l'étude du
fusain, nous avons édité une collection très-variée de 75 fusains de Maxime Lalanne, reproduits en fac-simile. Ces
reproductions, obtenues par un procédé nouveau, où la
photographie et l'impression aux encres grasses se trouvent
combinées, offrent des résultats surprenants. En examinant
ces fac-simile l'illusion est si complète et l'on y retrouve tous
les détails du travail original d'une façon si absolue, qu'ils
constituent d'excellents modèles pour l'étude du fusain.

PARIS. — Impr. J. CLAYE. — A. QUANTIN et Cᵉ, rue St-Benoît.

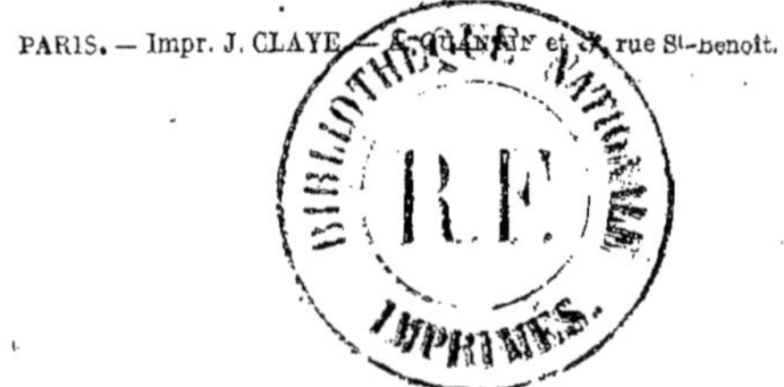